Автор
Маргарита Вартанова

Художник
Наталья Глушкова

Автором Букваря является Маргарита Вартанова, педагог с многолетним опытом работы в России и Америке, разработавший особые методики преподавания русского языка детям, живущим вне России.

Художник Наталья Глушкова живёт и работает в России. Ею оформлено и проиллюстрировано более тридцати изданий для детей. Некоторые из них были отмечены премией «Лучшая книга года».

Maragrita Vartanova
Bukvar
ISBN 978-0-615-40278-9

ISBN 978-0-615-40278-9

ОТ АВТОРА

Дети из русскоязычных семей, живущих за пределами России, в свой дошкольный период в основном слышат русскую речь. Но в школьном возрасте они неизбежно попадают в другую языковую среду, быстро перенимают её традиции и нормы. Поэтому наряду с освоением букв и навыков чтения очень важным становится внедрение в языковую культуру ребёнка (особенно младшего возраста) основ грамматической структуры родного языка.

Цель данного Букваря – не просто научить вашего малыша читать буквы, слоги, слова. Практические задания, которые в нём предлагаются, помогут формированию и укреплению у детей правильной речи. Особое внимание уделяется согласованию слов и словоизменению – тем свойствам русской грамматики, которые, как правило, нелегко даются детям, растущим в нерусской среде.

Ряд заданий составлен с учётом изменения форм одного и того же слова. Выполняя их, ребёнок замечает, как изменяется, например, имя существительное в парадигме падежей. В других — обращает своё внимание на грамматические связи местоимений с именами прилагательными, осваивает закономерности согласования имён существительных с прилагательными в роде, числе и падеже.

Упражнения, приведённые в книге, достаточно разнообразны. Некоторые из них рассчитаны на самостоятельную работу ребёнка (значок «Ребёнок»), другие подразумевают активное участие и помощь взрослого (значок «Ребёнок и взрослый»). Рифмовки, состоящие из сочетания слоговой и текстовой строк, предполагают поочерёдное чтение: ребёнок сам или с помощью взрослого читает слоги, отмеченные красным цветом, а взрослый – текстовую строку.

Данный учебник выдержал проверку временем и успешно применяется на уроках русского языка в детском образовательном центре «Да Винчи» (г. Беллевью, штат Вашингтон), руководителем которого я являюсь.

Маргарита Вартанова, автор Букваря

НА ЗАМЕТКУ РОДИТЕЛЯМ И УЧИТЕЛЯМ

 Задание выполняется совместно: родитель или учитель с ребёнком.

 Ребёнок читает самостоятельно.

✱ Обратите внимание ребёнка на изменение форм одного и того же слова в данном тексте.

При знакомстве с буквами, пожалуйста, произносите их не ЭМ, ЭН, ЭЛ, ЭР и т.д., а так, как они звучат в слове: М, Н, Л, Р и т.д.

При повторном чтении рифмовок и текстов, помеченных знаком ✱, где предлагается изменение окончания одного и того же слова, рекомендуется взрослому произнести начало слова, а ребёнку дать возможность закончить его. Например, в формах ЛУ-НА, К ЛУ-НЕ, ЗА ЛУ-НОЙ взрослый читает только первые слоги, а ребёнок старается правильно подобрать окончания.

Яркие иллюстрации Букваря сделают уроки весёлыми и интересными, помогут ассоциативному восприятию материала, поспособствуют лёгкому запоминанию усвоенного.

Желаю вашему малышу приятных занятий!

Аа

У Мишутки зуб болел:
Много он конфеток съел.
Миша плачет:
— А а а
В кабинете у врача.

О о о

Доктор в ротик заглянул,
Удивился и вздохнул:
— О о о, — сказал он Мише,—
Зубки чистить надо чище.
И конфет ты много кушал,
Видно, маму ты не слушал.
Миша плачет:
— А а а, — маму буду слушать я.
— О о о, — ты рот открой,
Вылечу я зубик твой.

Соедини линиями букву А и рисунки, названия которых начинаются со звука А.

а а а   а о   а о   а о
о о о   о о   о а   о а

Уу

Ветер воет:

— У   у   у

Все цветочки унесу.

Будет чисто во дворе,

Много места детворе.

Соедини линиями букву У и рисунки, названия которых начинаются со звука У.

Пчёлка А летит к цветку.

Имя у цветочка — У.

Ну, а вместе как? — АУ.

Машенька в лесу:

— Ау! Потерялась в чаще я.

А подруженьки:

— Ау! Не уйдём мы без тебя.

По следам твоим пойдём,

Скоро мы тебя найдём.

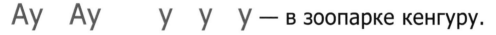

Ау Ау   у у у — в зоопарке кенгуру.

Уа Уа   а а а — смотрит в клетку детвора.

А а а   у у у — длинный хвост у кенгуру.

Саня, мальчик маленький, на полу играл.

Он нашёл кораблик, а соску потерял.

Плачет он: «Уа уа, где же сосочка моя?»

Мама подбежала, соску отыскала.

Ослик горд, ведь он для мамы песню сочинил.

Но как вечер наступил, он слова забыл.

— Мамочка, иа иа — потерялась песенка.

Мама оглянулась, сыну улыбнулась:

— Иа иа иа иа, — вот и песенки слова.

Соедини линиями букву И и рисунки, названия которых начинаются со звука И.

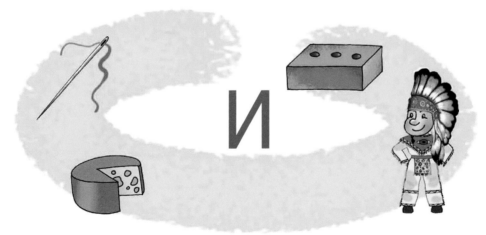

Мм

Ма ма ма — на цветок летит пчела.
Ми ми ми — убежим мы от пчелы.
Мо мо мо — убежим мы далеко.

Ма — ма   Ми — ми   Му — му

Соедини линиями букву М и рисунки, названия которых начинаются со звука М.

Корова Муся щипала травку
И от восторга «Му» мычала.
А тётя Мила, сев на лавку,
Корове Мусе подпевала:
— Мусичка, ты здесь ходи,
Никуда не уходи.

— Му, — ответит Муся ей, —
Здесь трава сочней, вкусней.
Никуда я не уйду.

Му му му
Му му му.

ма   ам   ми   им

му   ум   мо   ом

Ее   Ёё

Е — весёлая была,
Пела песенку она.

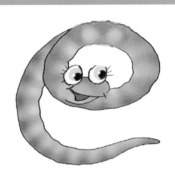

Ё — сердитая сестра,
Вечно дуется она.

ем	ме		ам	ма		ом	мо
ём	мё		ум	му		им	ми

ме
мё — м
ма

мо
ми — м
му

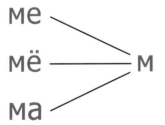

Барашек весёлый воскликнул:
— Ме ме ме,
Как хорошо пастись в траве!

Другой барашек:
— Мё мё мё,
Здесь сыро, грустно и темно!

Названия каких предметов начинаются с этих слогов? Соедини линией.

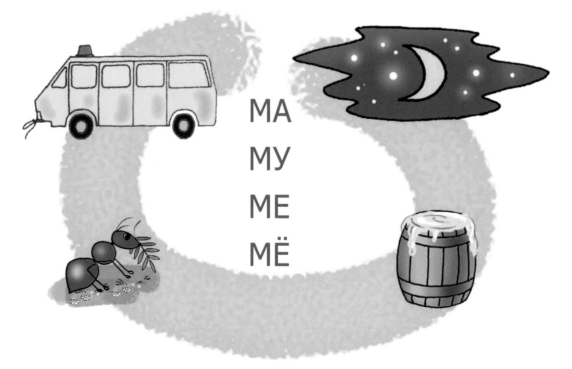

МА
МУ
МЕ
МЁ

Па па па
Па па па
Зайчик прыгал у пенька:
Длинные ушки, чуб на макушке.

Пу пу пу
Пу пу пу
Может, для жилья себе
Норку отыщу.

Пом пом пом
Где найти мне новый дом?
Зайчик норку не нашёл,
К ежам за помощью пошёл.

Пом пом пом
Мы построим новый дом!
Пим пим пим
Всех на пир мы пригласим!

Названия каких предметов начинаются с этих слогов? Соедини линией.

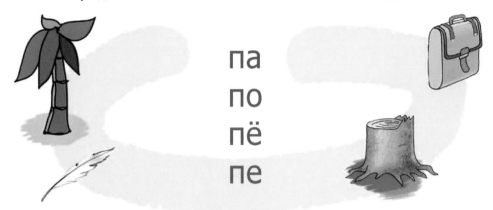

па
по
пё
пе

| ап | па | | уп | пу | | еп | пе |
| оп | по | | ип | пи | | ёп | пё |

Ма-ме

Па-пе

пе
пё ——— п
па

по
пи ——— п
пу

Мо-и ма-ма и па-па.

В начале слова не ищи, там не найдёшь ты букву Ы.
Ы в словах таких, как

мЫшка,   сЫр,   шарЫ,

крЫжовник,   пЫшка.

Много слов, где Ы найдёшь. Ты её не обойдёшь!

Соедини линиями букву Ы и рисунки, названия которых начинаются со звука Ы.

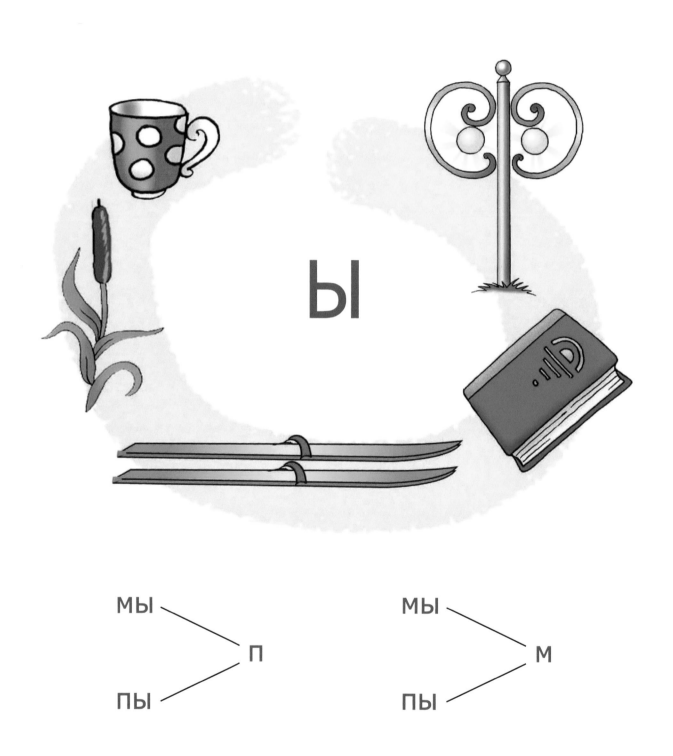

МЫ

П

ПЫ

МЫ

М

ПЫ

Лл

Ла ла ла

В город к нам пришла зима.

Ле ле ле

Много снега во дворе.

Ли ли ли

Прилетели снегири.

Названия каких предметов начинаются с этих слогов? Соедини линией.

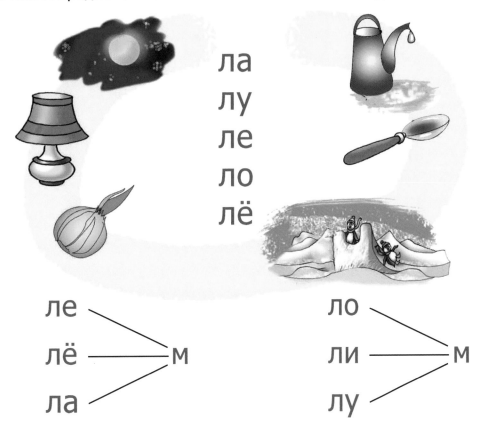

ла
лу
ле
ло
лё

ле
лё ——— м
ла

ло
ли ——— м
лу

мул   лом   мел

ел   пел   мыл   лил   пил
е-ла   пе-ла   мы-ла   ли-ла   пи-ла

У ма-мы    У Ми-лы

У па-пы    У му-ла

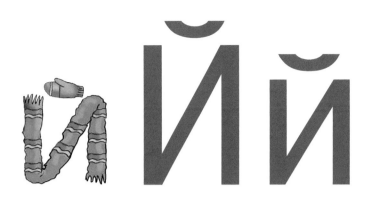

Однажды И загадала буквам загадку:
— Отгадайте, как зовут мою сестру?
Похожа очень на меня,
Лишь наверху над ней черта.
Её легко найти в словах:

заЙчонок   соЙка   чаЙка

гаЙка    лаЙка   маЙка

Пойди-ка, отгадай-ка!
Буквы думали, думали и ничего не придумали.
А ты знаешь, как её зовут?

Ай ай ай
Ай ай ай,
Ветер, тише завывай.
За окном луна висит,
Мальчик Тима крепко спит.

Ты, луна, в окно свети,
Лунный лучик протяни.
Ой ой ой,
Ай ай ай,
Ветер, тише завывай!

Вот и утро настаёт,
Солнце весело зовёт:
Ай ай ай
Ой ой ой
Просыпайся, мальчик мой!

Перед завтраком, сын МОЙ,
Руки, личико ПО-МОЙ.

Йогурт кушай ложкой
И не топаЙ ножкоЙ.

ма

мо ——— м

ла

по

пе ——— м

ле

мой
по-мой

мой
по-мой

лей
по-лей

Мой лом.

Мо-ё мы-ло.

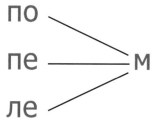

Мой мел.

Cc

Сам сам сам

Бродят козы по горам.

Спы спы спы

Не боятся высоты.

Слу слу слу

Полетели на Луну.

Сме сме сме

Это всё приснилось мне.

Названия каких предметов начинаются с этих слогов? Соедини линией.

са

со

се

сы

су

пёс	лес	се-ло	о-са	сом
псы	ле-са	сё-ла	о-сы	со-мы

спа	спу	спе	спё
пса	псу	псе	псё

Самовар свистел:
— Псы псы псы,
Вот какие у меня усы.
А скрипка пропела:
— Сма сма сма,
Как красива музыка моя!

лес — ле-са

лось — ло-си

ь Ьь

Эта буква не звучит —
Встанет рядом и молчит
Только тех, кто с ней стоит,
Ь всегда смягчит.

ум	умь	ус	усь	ул	уль
ам	амь	ас	ась	ал	аль
ем	емь	ес	есь	ел	ель

ел	мел	пыл	мол	лось
ель	мель	пыль	моль	ло-си

У Ли-ки сом.
У со-ма у-сы.

Ло-ла е-ла суп.
— Ма-ма, о-сы, о-сы!

У А-ни пёс. Он мал.
У пса мис-ка су-па.

кКк

— Ко ко ко, цыплята, где вы?

Не ходите далеко!

— Ка ка ка,

Во двор бегите,

Вам посыпали зерна.

Названия каких предметов начинаются с этих слогов? Соедини линией.

ку

ка

ко

ки

*

Кла кла кла

За окном плывёт луна.

Кле кле кле

Космонавт летит к луне.

Кой кой кой

Не угнаться за луной.

Кмо кмо кмо

Птичка залетит в окно.

Кле кле кле

Птичке зябко во дворе.

Кыл кыл кыл

Птичку эту накормил.

27

мак	лак	сок
ма-ки	ла-ки	со-ки

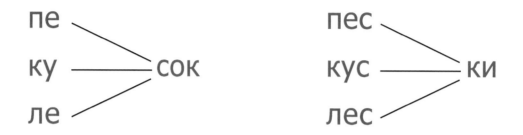

пе
ку — сок
ле

пес
кус — ки
лес

ко-са	сос-ка	кук-ла
ко-сы	сос-ки	кук-лы

поль
каль — ка

куль
маль — ки

У Си-мы кук-ла.
У кук-лы ко-сы.
Си-ма по-и-ла кук-лу со-ком.

Нн

  Нитка   **Ножницы**   **Напёрсток**

Буква здесь стоит в начале.

Палка, палка и мосток. Что за буква, угадали?

А в словах:

бато**Н**,   буто**Н**,   телефо**Н**,   бидо**Н**,   балло**Н**

буква та пошла в конец. Что за буква?___

Молодец!

Ном ном ном
Прогремел над лесом гром.
Ень ень ень
Ёжик спрятался под пень.
Нил нил нил
Дождик капли обронил.
Нал нал нал
Лить он вскоре перестал.
Нол нол нол
Ёжик вновь гулять пошёл.

Соедини линиями слова с соответсвующими местоимениями.

Он	на-ли-ли
Она	на-лил
Они	на-ли-ла

нос	слон	сын	пень
но-сы	сло-ны	сы-ны	пни
но-сик	сло-ник	сы-нок	пе-нёк

 Ми-ла мы-ла ли-мон. Ло-ла пе-ла.

Ма-ма спа-ла. Ал-ла ле-пи-ла.

*
У сос-ны сук.
На су-ку сой-ка.
О-ко-ло сос-ны пе-нёк.
А на пень-ке но-сок.
Сой-ка у-нес-ла но-сок на сос-ну.
Сой-ка умна!

Мотор ревёт у самолёта,
Мотор у катера ревёт,
Гудит сирена на заводе,
Работать всех она зовёт.

Названия каких предметов начинаются с этих слогов? Соедини линией.

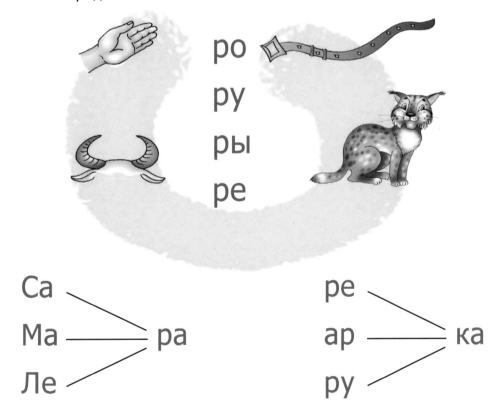

ро
ру
ры
ре

Са
Ма ——→ ра
Ле

ре
ар ——→ ка
ру

Пре пре пре

Мы проснулись на заре.

Рим рим рим

Спать мы больше не хотим.

Кри кри кри

Только маму не буди.

Соедини линиями слова с соответсвующими местоимениями.

Они	рыл
Она	ры-ли
Он	ры-ла

ру-ка	кран	ко-мар	крас-ка
ру-ки	кра-ны	ко-ма-ры	крас-ки

*

У ре-ки но-ра.

У но-ры ли-са.

У ли-сы ли-сё-нок.

пра	пры	пре	про	пру
спра	спры	спре	спро	спру

плыл	про-сил	у-крыл
плы-ла	про-си-ла	у-кры-ла
плы-ли	про-си-ли	у-кры-ли

Найди правильные окончания в словах. Соедини линией.

краcн   ый

краcн   ое

краc   ые

 *

— Ро-ма, на-ри-суй лу-ну.
У Ро-мы на ри-сун-ке лу-на.
А на лу-не слон.

— Ле-ра, на-ри-суй паль-му.
У Ле-ры на ри-сун-ке паль-ма.
На паль-ме ко-ко-сы.

*

У Ле-ны на ри-сун-ке лам-па.
Под лам-пой крес-ло.
На крес-ле сумка.

У Се-ни кло-ун.
У кло-у-на крас-ный нос.
На кло-у-не май-ка.
На май-ке на-пи-са-но:
«Кло-ун Пим».

Соедини линиями слова с соответсвующими местоимениями.

Они   ле-пи-ла
Она   ле-пил
Он   ле-пи-ли

Ма-ма у ре-ки. Ле-на плы-ла.
И пёс Марс плыл.

Бб

Про букву Б.

Жили-были буквы. Они просыпались по утрам поздно и поэтому опаздывали в школу. Ничего им не помогало: будильник не помогал, хоть и звенел громко. Бабочка тоже не помогала, хоть и прилетала каждое утро, громко хлопая крылышками.

И тут появилась буква Б и сказала: «Я буду громко стучать палочками и будить вас, чтобы вы больше никогда не опаздывали в школу». «Ура!», — обрадовались буквы. С тех пор они просыпались вовремя, ведь барабан, в который превратилась буква Б, будил их по утрам, старательно отбивая барабанную дробь: Бум-бум-бум.

Найди в тексте букву Б.

Бем бем бём
Рано утром мы встаём.
Бем бем бём
В школу вовремя идём.
Бем бем бём
Букву Б мы бережём.

| бу-сы | бул-ка | ба-ран | ры-ба |
| ба-нан | бел-ка | бар-сук | ба-ра-бан |

Найди правильные окончания в словах. Соедини линией.

Бе-л   ый

Бе-л   ые

Бе-л   ое

Ма-ма ку-пи-ла бе-лы-е бу-сы.
— На, Бел-ла, бу-сы.
— Спа-си-бо, ма-ма.

Названия каких предметов начинаются с этих слогов? Соедини линией.

бар

бан

бул

бук

Бра бра бра — начинается игра:

Прыг-скок, прыг-скок — встали быстро на носок.

Бру бру бру — на одной ноге скачу.

Прыг-скок, прыг-скок — до стены я доскачу.

Бре бре бре — отдохнуть пора бы мне.

Мама книжку принесёт, сказки мне читать начнёт.

*

краб	ку-бок	бар-сук	со-ба-ка
кра-бы	куб-ки	бар-су-ки	со-ба-ки

бул
бан
→ ка

бал
бел
→ ка

Марк ел ры-бу и пил сок. И-ра е-ла бул-ку с сы-ром. Ле-ра е-ла ба-нан. А у Бар-си-ка мис-ка мо-ло-ка. Марк бро-сил Бар-си-ку ку-сок ры-бы.

— На, Бар-сик, ры-бу.

ЯЯ

Я — это яб-ло-ко,

Я — чёрный як,

Я-на, Ян, я-корь,

высокий ма-як.

ла	ка	ма	ба	са	па
ля	кя	мя	бя	ся	пя

мра	нра	кла	пла	сма	бра
мря	нря	кля	пля	смя	бря

*

Ян и Я-на плы-ли на ко-раб-ле.
Ян — мо-ряк. У Я-на би-нокль.
На па-лу-бе Я-на. У Я-ны яб-ло-ки.
— На, Ян, яб-ло-ко.
— Спа-си-бо, Я-на.

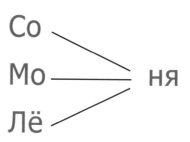

я-ма	я-сень	пря-ник	лям-ка
я-мы	я-се-ни	пря-ни-ки	лям-ки

Найди правильные окончания в словах. Соедини линией.

Лес-н   ая

Лес-н   ой

Лес-н   ые

Лес-н   ое

Дд

Дуб похож на букву Д,
Белка прячется в дупле,
Дятел на суку сидит
И по дереву стучит:
— Червяка достать хочу,
Ду ду ду,
Ду ду ду.

дра	дру	дро	дре	дрё	дри
ард	урд	орд	ерд	ёрд	ирд

*

дуб	дом	сад
ду-бы	до-ма	са-ды
ду-бок	до-мик	са-дик

пруд	ды-ра	дар
пру-ды	ды-ры	да-ры

У Ли-ды дед. Он с бо-ро-дой и у-са-ми. О-ко-ло до-ма сад. Дед соб-рал Ли-де яб-лок. Ря-дом с са-дом у-лей. Дед дал Ли-де мё-да.

Мёд сла-док. Доб-рый дед у Ли-ды.

— Спа-си-бо, дед!

Найди нужные окончания к слову дом. Соедини линией.

-у   -а   -ом

Мы по-дой-дём к дом__.

Под дом__ спал пёс.

У до-м__ рос дуб.

буд-ка	кад-ка	день	лёд	диск
дуд-ка	дос-ка	дрель	дым	даль

*

Па-па ку-пил Де-ни-су дуд-ку, а Дане ба-ра-бан. Да-ня и Де-нис ра-ды по-дар-кам. Ря-дом с ни-ми со-ба-ка Динка. Де-нис ду-дел, Да-ня ба-ра-ба-нил, а Дин-ка пе-ла. Дин-ке да-ли буб-лик. О-на бы-ла ра-да.

Соедини линиями слова с соответсвующими местоимениями.

Он	де-ла-ли
Она	де-лал
Они	де-ла-ла

Ю Юю

О к мосточку прикачу,
Букву Ю я получу.

| МУ | СУ | НУ | РУ | КУ | ЛУ | ДУ |
| МЮ | СЮ | НЮ | РЮ | КЮ | ЛЮ | ДЮ |

| Ю-ля | Ю-ра | люк | пю-ре | мо-ю |
| Лю-ся | Юн-на | лю-ди | юб-ка | ро-ю |

Я да-рю.

Я мо-ю.

Я по-ю.

Я ла-ю.

*

На Ю-ле бе-ла-я юб-ка. На юб-ке кар-ма-ны. А на Ю-ре крас-ны-е брю-ки с рем-нём.

— Ю-ра, у ме-ня бе-ла-я сум-ка, как мо-я юб-ка.

— А мо-и крас-ны-е брю-ки, как мо-я кеп-ка, Ю-ля.

Тт

*

Буква, словно, молоток.

Молоток стучит: «Тук-тук».

Буква Т стучит: «Тук-тук».

Что-то забивает, в молоток играет.

Тук тук тук

На заборе спит петух.

Тка тка тка

Гребешок у петушка.

Тку тку тку

Подойду я к петушку.

Тру тру тру — забегаю я в нору.

Тра тра тра — очень тёмная нора.

Тре тре тре — заяц прячется в норе.

| КОТ | КУСТ | СТОЛ | МОСТ | ЛИСТ |
| КО-ТЫ | КУС-ТЫ | СТО-ЛЫ | МОС-ТЫ | ЛИС-ТЫ |

Найди правильные окончания в словах. Соедини линией.

Креп-к   ий

Креп-к   ая

Креп-к   ие

Ле-то

Ле-том мы бе-рём па-лат-ку и е-дем на ре-ку. Мы ку-па-ем-ся и у-дим ры-бу. А как стем-не-ет, си-дим у ко-стра и по-ём пес-ни. Нам теп-ло и у-ют-но.

Ра-но ут-ром мы о-пять и-дём ку-пать-ся.

*

Де-ти кле-и-ли ри-сун-ки на сте-ну. На рисунке ли-па. Под ли-пой ли-са. А тут пу-ма. А там ре-ка.

— Смот-ри-те, ка-кой сло-ник!

— А на мо-ём ри-сун-ке ма-ка-ка. О-на ест ба-нан.

Соедини линиями слова с соотвтсвующими местоимениями.

Он	смо-тре-ла
Она	смо-тре-ли
Они	смот-рел

Найди правильные окончания в словах. Соедини линией.

Тёп-л	ый
Тёп-л	ое
Тёп-л	ая
Тёп-л	ые

Об-ла-ка

У до-ма рас-тёт то-по-ль. Мы си-дим под то-по-лем. Там тень. А по не-бу плы-вут об-ла-ка.

— Смот-ри, об-ла-ко на-по-ми-на-ет сло-на, — крик-ну-ла То-ма.

— А то об-ла-ко, как сова, — крик-нул Се-ва.

Найти нужные окончания к слову река. Соедини линией.

-у   -и   -ой   -а

Мы и-дём на ре-к___.

У ре-к___ ска-мья.

Ря-дом с ле-сом ре-к___.

За ре-к___ рас-тут ёл-ки.

В нижнем окне устроился Волк,
В жизни своей он знает толк.
А в верхнем окне Ворона видна,
Волка на чай приглашает она.
Окно над окном — и сразу
Буква В заметна глазу.

*

Вля вля вля
Школа новая моя.
Вле вле вле
Стоит школа во дворе.
Влу влу влу
Утром в школу я иду.
Вол вол вол
В школе друга я нашёл.
Влы влы влы
Много в школе детворы.

Вра	Ква	Два	Рва
Вру	Кву	Дву	Рву

Винт	Во-рот	Выпь	Со-ва
Ва-та	Ве-ник	Вед-ро	Вил-ка
Во-рон	Ве-се-ло	Выд-ра	Во-ро-та

Найди нужные окончания к слову весна. Соедини линией.

-ы   -а   -ой   -е   -у

На-сту-пи-ла вес-н__.

Вес-н__ при-ле-та-ют ут-ки.

Мы ра-ды вес-н__.

Пос-ле вес-н__ на-сту-па-ет ле-то.

Мы лю-бим вес-н__.

* ## В те-ат-ре

Ле-на и Ви-ка в те-ат-ре. О-ни смот-рят спек-та-кль.

— Смот-ри, Ви-ка, там Кот, Осёл и Пёс.

— Ой, прав-да, Ле-на! — Ви-ка вста-ла с крес-ла.

—Т-с-с, де-ти, си-ди-те на мес-те, — про-сит ма-ма. — Ведь ос-тальн-ым не вид-но.

*

Во-ро-на си-дит на вет-ке ду-ба. А ря-дом рас-тёт куст ма-ли-ны. Во-ро-на пе-ре-ле-те-ла с ду-ба на куст и скле-ва-ла ма-ли-ну. Ма-ли-на вкус-на!

Ве-тер   Ко-вёр   Винт   Со-ва
Вет-ры   Ков-ры   Вин-ты   Со-вы

Найди правильные окончания в словах. Соедини линией.

Ве-сё-л   -ый
Ве-сё-л   -ая
Ве-сё-л   -ые

Ва-ле-ра вы-нес во двор са-мо-кат. А вот и Ва-ля. О-на ка-та-ет кук-лу Ве-ру в ко-ляс-ке. И Во-ва во дво-ре. У Во-вы но-ва-я ю-ла.

Соедини линиями слова с соответсвующими местоимениями.

Он   све-тила
Она   све-ти-ли
Они   све-тил

Зз

Зи-на, Зо-я, Ли-за, Сю-зя,
За-ра, и На-зар, и Ку-зя.
Что за буква в именах?
Буква З стоит в словах.
Две дуги так с цифрой схожи:
З на цифру 3 похожа.

Зо-я   Ли-за   Сю-зя

За-ра   На-зар   Ку-зя

*

Зра Зра Зра
В ванне тёплая вода.
Зрю Зрю Зрю
На щенка я воду лью.
Зры Зры Зры
Стал я мокрым от воды.

Де-ти в зо-о-пар-ке. Вот зеб-ры. А там о-ле-ни.

— По-смот-ри, как кра-си-вы пав-ли-ны! А вот сло-ны. О-ни ве-ли-ки. А там за-бав-ны-е ма-ка-ки.

Найди нужные окончания к слову зонт. Соедини линией.

-а   -ом   -у

Мы сто-им под зонт___.

У зонт___ есть кноп-ка.

По зонт___ пол-зёт па-ук.

Мы и-дём с зонт___.

Соедини линиями слова с соответсвующими местоимениями.

Он	зва-ла
Она	зва-ли
Они	звал

 *   Ро-зы для Лизы

Зи-на ку-пи-ла Ли-зе ро-зы. Ли-за лю-бит ро-зо-вы-е ро-зы.

А вот и Ли-зин дом. Зи-на зво-нит в зво-нок.

— Как кра-си-вы ро-зы, Зи-на!

— О-ни для тебя, — у-лы-ба-ет-ся Зи-на.

— Спа-си-бо! — Ли-за ра-да по-дар-ку.

Жж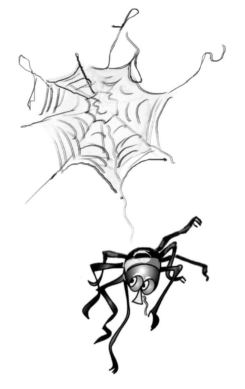

Жа жа жа
Жу жу жук
Шевелит усами.
Ну, а крылышки его
Двигаются сами.
Жо жо жо
Жи жи жи
Налетели вдруг стрижи,
Захотели съесть жука,
Ну, а съели паука.

жда	жна	жма	жба
жде	жне	жме	жбе
жды	жны	жмы	жбы

Соедини линиями слова с соответсвующими местоимениями.

Он	жда-ли
Она	ждал
Они	жда-ла

*

Жо-ра са-жал жас-мин. Но вот не-бо по-тем-не-ло. По-лил дождь.

— Жо-ра, не мок-ни под дож-дём, — крик-нул па-па. — По-дож-ди под на-ве-сом. А пос-ле дож-дя мож-но про-дол-жить ра-бо-ту.

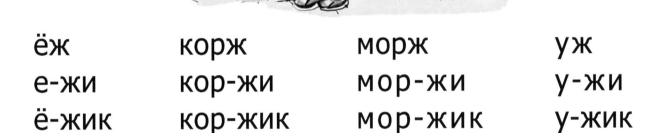

ёж	корж	морж	уж
е-жи	кор-жи	мор-жи	у-жи
ё-жик	кор-жик	мор-жик	у-жик

Же-ня и Жан-на дру-жат. О-ни вмес-те ри-су-ют, по-ют и вя-жут о-деж-ду сво-им кук-лам.

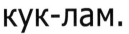

Найди правильные окончания в словах. Соедини линией.

-ый   -ое   -ая   -ые

жёлт___  жёлт___

жёлт___  жёлт___

 *

Жак и Жуль-ка

Кло-ун Жак ве-се-лил пуб-ли-ку. На нём был жёл-тый жа-кет и крас-ный кол-пак. Он дер-жал па-кет с же-лу-дя-ми. Жак бе-жал по а-ре-не. А за ним бе-жа-ла свин-ка Жуль-ка, ко-то-ра-я у-жас-но лю-би-ла жё-лу-ди. Жак у-пал и у-ро-нил па-кет. А по-ка он ле-жал на по-лу, Жуль-ка жад-но же-ва-ла жё-лу-ди. По-том она у-бе-жа-ла.

— Ну, Жуль-ка, дер-жись, — крик-нул Жак и по-бе-жал за ней.

Шш

Ш ш ш — шумит машина,
Ш ш ш — змея шипит,
Ш ш ш — ежонок шикнул,
К маме ёжик семенит.

Зай-ка

Шуст-рый зай-ка в бе-лой шуб-ке
У-бе-га-ет от ли-сы.
Ше-ве-лит у-ша-ми зай-ка,
У не-го дро-жат у-сы.

А ли-са бе-жит, спе-шит,
Лишь тра-ва под ней шур-шит.
Но ли-са бе-жать у-ста-ла
И от за-юш-ки от-ста-ла.

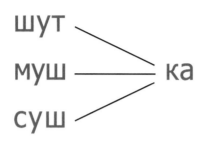

шут
муш ——— ка
суш

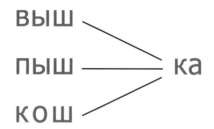

выш
пыш ——— ка
кош

В са-ду

Ми-ша с Са-шей со-би-ра-ют яб-ло-ки.

— По-дер-жи кор-зин-ку, я под-ни-мусь вы-ше, — ска-за-ла Са-ша. Ми-ша дер-жит кор-зин-ку.

— Вот жёл-то-е яб-ло-ко. И там то-же.

— Я не ви-жу, Са-ша.

— Вот о-но, Ми-ша, дер-жи.

Найди правильные окончания в словах. Соедини линией.

-а   -е   -и

В нор-ке мыш-к__. У мыш-к__ у-сы.

Кош-ка по-дош-ла к мыш-к__.

Ли-сё-нок ле-же-бо-ка

Ли-сё-нок Ле-же-бо-ка был со-ней, ведь он лю-бил по-спать. А раз он был та-ким, то всё про-пус-кал и жа-ло-вал-ся.

— Как кра-си-во пе-ли со-ло-вьи! — ра-до-ва-лись ко-тя-та.

— А я не слы-шал, — о-би-жал-ся Ле-же-бо-ка.

— Ка-к ду-шис-ты лан-ды-ши! — ра-до-ва-лись мед-ве-жа-та.

— А я не заметил.

—А ты не будь со-ней, и то-же у-слы-шишь пе-ни-е со-ло-вья и за-ме-тишь, как ду-шис-ты лан-ды-ши, — ска-за-ла ма-ма.

Найди правильные окончания в словах. Соедини линией.

-ый   -ая   -ые   -ое

пу-шис-т___   пу-шис-т___

пу-шис-т___      пу-шис-т___   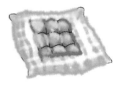

 *   Про-па-жа

Со-би-рал-ся Шу-рик в парк,
В пар-ке Шу-ри-ка ждал Марк.
— Где же тёп-лы-е шта-ны?
В ком-на-те мне не най-ти.
Шор-ты ж не на-де-ну я,
На дво-ре у-же зи-ма.
— На-до всё на мес-то класть
А не пла-кать, не ис-кать.
Сра-зу тёп-лые шта-ны
О-тыс-кать су-ме-ешь ты.

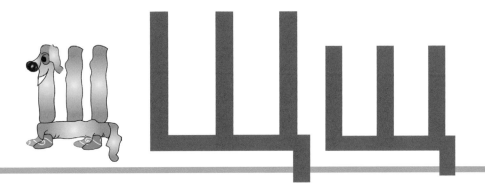

Сказка про букву Щ

Жила буква Ш. Была она очень гордая и всем буквам говорила: «Я - королева. Видите, у меня на макушке корона. Вы должны мне подчиняться». Все дрожали и боялись её, ведь она всё время шипела на них.

Как-то буква Ш шла по саду и увидела маленький пушистый хвостик, который увязался за ней.

— Не бегай за мной, — шипела буква Ш, — я приказываю тебе! Но хвостик не только не ушёл, но ещё и прилип к Ш, превратив её в мягкую букву Щ, которая была похожа на смешного щенка по имени Щусик. Буквам понравился маленький щенок, который любил играть со своим хвостиком и никогда не шипел на них.

Найди в тексте букву Щ.

Лё-ша та-щит я-щик.

ша	шу	ше	ши	шо
ща	щу	ще	щи	що

Щу-ка и-щет пи-щу.

Ле-на и-щет сум-ку.

Лещ плы-вёт.

Ко-ро-ва щип-лет трав-ку.

*

Ма-ма ва-рит борщ. О-на на-ре-за-ет о-во-щи. Ва-ня сто-ит ря-дом.

— При-не-си для бор-ща кас-трю-лю, — про-сит ма-ма.

— Я не бу-ду борщ. — мор-щит-ся Ва-ня.

— Не мор-щи лоб. Борщ по-ле-зен. В о-во-щах есть ви-та-ми-ны. О-ни всем нуж-ны.

Из каких овощей варят борщ? Подчеркни.

Лук	Мя-та
Тык-ва	Ук-роп
Свёк-ла	Мор-ковь
Ка-пус-та	Ба-кла-жан

* ## Лу-си и щен-ки

У со-ба-ки Лу-си шесть щен-ков. Ма-ма по-ло-жи-ла ма-лы-шей в я-щик. О-ни пи-щат. Лу-си бе-реж-но та-щит ще-нят к се-бе. Щен-ки и-щут мо-ло-ко. Пос-ле е-ды щен-ки спят.

— Я-щик на-до чис-тить каж-дый день щёт-кой, — ска-за-ла ма-ма На-та-ше.

— По-нят-но, — у-лыб-ну-лась На-та-ша. О-на взя-ла на ру-ки щен-ка и при-жа-ла к ще-ке:

— Ка-кой он тёп-лый, ма-ма.

 Соедини линиями слова с соответсвующими местоимениями.

Он	пи-ща-ли
Она	пи-щал
Они	пи-ща-ла

Фф

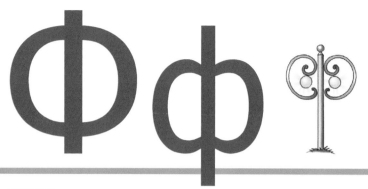

Послушный внук

У бабушки Фени был внук Федя. Бабушка любила порядок и была аккуратной, а Федя не любил мыться и был замарашкой. Все ребята во дворе дразнили Федю:

— Фу - фу - фу,— какой ты грязный!

— Фи - фи - фи,— какой ты неряшливый!

Однажды Федя пришёл со двора и увидел бабушку, которая держала тарелку с финиками.

— Бабушка, дай фиников, пожалуйста.

Бабушка Феня посмотрела на Федю и сказала:

— Сначала умойся, смени одежду и помой руки.

Федя был послушным внуком и любил свою бабушку. Он всё сделал, как она ему сказала, и бабушка Феня дала Феде вкусных фиников.

Найди в тексте букву Ф.

 *

Фря фря фря
Кофта новая моя.
Сфе сфе сфе
В кофте нравлюсь я себе.
Фту фту фту
Кофту эту не сниму.

Ноту ДО пропела Феня,

Ну, а ре пропел нам Веня.

Протянула МИ Наталья,

Ноту фа пропела Валя.

Соль пропела следом Римма,

Ля - ля - ля, — спел звонко Фима.

Ноту СИ тянула Майя,

До в трубу дудела Рая.

В школе пели дети все,

Музыка неслась везде.

Найди нужные окончания к слову фонтан. Соедини линией.

-а   -у   -ы   -ом

Ма-ша сто-ит у фон-тан___.

Де-ти по-дош-ли к фон-тан___.

В Мос-кве кра-си-вы-е фон-тан___.

Пе-ред фон-тан___ ска-мья.

*

Фрак фрак фрак

Феня с Фимой едут в парк.

Фра-ке фра-ке фра-ке

Сколько деток в парке!

Фар-ком фар-ком

Воробьи летят над парком.

Фрят фрят фрят

Булкой кормим воробьят.

*

У Фи-лип-па дет-ска-я ма-ши-на. О-на крас-ная. У ма-ши-ны фа-ры.

— Шо-фёр дол-жен пом-нить, как ва-жен све-то-фор: крас-ный свет — на-до сто-ять, жёл-тый свет — вни-ма-ни-е, — на-по-ми-на-ет па-па.

— А зе-лё-ный — мож-но в путь, — го-во-рит Фи-липп.

коф-та	фу-раж-ка	са-ра-фан
коф-ты	фу-раж-ки	са-ра-фаны

Хх

*

Ха ха ха

Хи хи хи

У забора лопухи.

Хит хит хит

На дороге дом стоит.

Хот хот хот

Клоун в доме том живёт.

*

Хо-мяк Ром-ка

—Ма-ма, ку-пи мне хо-мя-ка,—про-сит Све-та.

— А ты бу-дешь у-ха-жи-вать за хо-мя-ком, да-вать е-му корм, у-би-рать клет-ку?

— Бу-ду, о-бе-ща-ю! Ку-пи, ма-ма.

— Ну, хо-ро-шо. Раз о-бе-ща-ешь, куп-лю.

— У-ра, у ме-ня бу-дет но-вый дру-жок. Хо-мяк Ром-ка.

см**ех**
хлеб

хо-лод
хур-ма

по-ход
хло-пок

 *

Хот хот хот

В этой норке крот живёт.

Хру хру хру

Протянул я гриб кроту.

Хорт хорт хорт

Но зарылся в норку крот

Хрёт хрёт хрёт

И грибов он не берёт.

Соедини линиями слова с соответсвующими местоимениями.

Хо-лод-н   **-ый**

Хо-лод-н   **-ая**

Хо-лод-н   **-ое**

Хо-лод-н   **-ые**

Ээ

Эму хоть летать не может,
Обогнать всех в беге сможет.
Он в Австралии живёт,
Чемпионом там слывёт.

Эль эль эль
Наш ко-рабль сел на мель.

| пе-пэ | не-нэ | те-тэ | ве-вэ |
| се-сэ | зе-зэ | ке-кэ | ле-лэ |

| э-хо | э-ти | эк-ран | эс-ки-мос |
| э-ра | э-тот | э-таж | эк-ва-тор |

Э-то Эл-ла.
О-на ест эк-лер.

Э-то Э-ли-на.
О-на кор-мит стра-у-са.

Э-то Э-рик.
Он по-эт.

Э-то Эм-ма.
О-на — сес-тра Э-ри-ка.

Стра-ус Э-му

Мы у-се-лись у эк-ра-на те-ле-ви-зо-ра и смот-рим фильм про стра-у-сов Э-му. О-ни жи-вут в Ав-стра-ли-и. Э-му не у-ме-ют ле-тать. Но за-то у-ме-ют бе-жать на боль-шой ско-рос-ти. Как о-ни лов-ки и э-ле-гант-ны!

Найди в тексте букву Э.

Гг

Га га га, Га га га
Гуси под горой.
Гриша с прутиком в руке
Гонит их домой.
— Га га га, Га га га
Возвращаться вам пора,
Ждёт вас дома и тепло,
И вкусная еда.

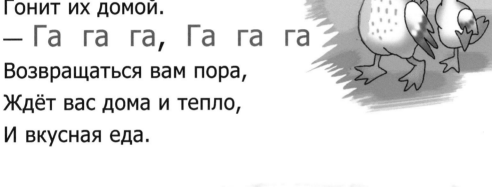

груз	го-лубь	по-рог	пи-рог
гру-зы	го-лу-би	по-ро-ги	пи-ро-ги

Гра-нат крас-ный.

Го-ро-шек зе-лё-ный.

Го-лу-би-ка го-лу-ба-я.

Ге-ор-ги-ны жёл-ты-е.

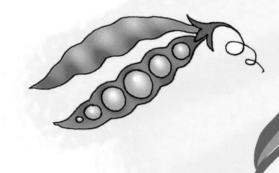

ga-раж   са-пог   груз
га-ра-жи   са-по-ги   гру-зы

        ги-ря   га-мак
        ги-ри   га-ма-ки

Соедини линией слова с соответствующими рисунками.

гусь

го-рох

го-лубь

гал-ка

ге-рань

гер-бе-ра

гвоз-ди-ка

гла-ди-о-лус

Соедини линией слова с соответствующими рисунками.

по-ган-ки

груз-ди

о-пя-та

Га-ля с Ге-ной от-ды-ха-ют на Га-ва-йях. Здесь тёп-ла-я по-го-да. Де-ти иг-ра-ют, ку-па-ют-ся и за-го-ра-ют.

Ъъ

Эта буква — твёрдый знак.

Без неё нельзя никак.

Сам он говорить не может,

Но всегда словам поможет.

въ-е-хал	подъ-е-хал	объ-я-вил
въ-е-ха-ла	подъ-е-ха-ла	объ-я-ви-ла
въ-е-ха-ли	подъ-е-ха-ли	объ-я-ви-ли

Соедини линиями слова с соответсвующими местоимениями.

Он	съ-е-ла
Она	съ-е-ли
Они	съ-ел

Цц

 ★ Лошадь Цара

Жила-была лошадь. Её звали Цара. Она была одинока, ведь у неё не было друзей. А ей так хотелось их иметь! Что же делать?

Пошла Цара по дорожке: Цок – цок - цок. Шла она долго, пока не оказалась перед зданием цирка. «Интересный круглый дом. А что там внутри?» — подумала Цара. Вдруг дверь распахнулась, и она увидела странного человека в цилиндре, который оказался дрессировщиком и пригласил Цару работать в цирке. Цара ничего не знала про цирк, но сразу же согласилась, ведь ей сказали, что сюда приходят дети, а детей она очень любила.

Теперь Цара — циркачка. Она скачет галопом и танцует. У неё много друзей. Ей дарят цветы и хлопают в ладоши.

Найди в тексте букву Ц.

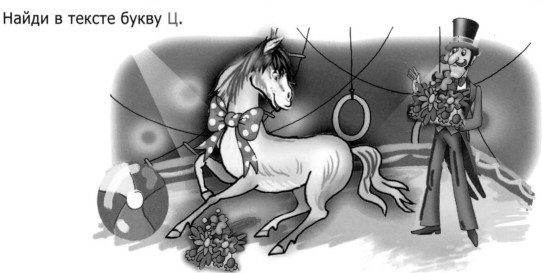

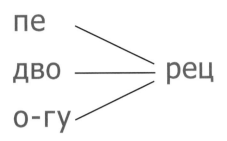

пе		пер	
дво	рец	двор	цы
о-гу		о-гур	

К слову цапля найди нужное окончание. Соедини линией.

-е   -я   -и   -ю

Я ви-жу цап-л__.

Де-ти по-дош-ли к цап-л__.

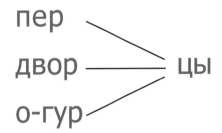

У цап-л__ длин-ный нос.

Цап-л__ сто-ит на од-ной но-ге.

| царь | ме-сяц | пте-нец | ко-ло-дец |
| ца-ри | ме-ся-цы | птен-цы | ко-лод-цы |

Чч

Сказка про букву Ч

На полке стояли Чашки. Они были горды, ведь приносили пользу, когда в них наливали чай. Только у одной Чашки была отбита ручка. Вот поЧему её никогда не брали, и она скуЧала. Да ещё все чашки и Чайник смеялись над ней, мол, стоит себе только место занимает. А ей так хотелось быть полезной!

Надоела Чашке такая жизнь, спрыгнула она с полки на стол, со стола на окно, с окна на дорогу и покатилась по дороге. Долго катилась Чашка с отбитой руЧкой, пока не докатилась до школы, где уЧитель Паучок уЧил пауЧат азбуке. Увидев Паука, Чашка сказала: — «У меня, конечно, отбита руЧка, но, может быть, я могу вам быть полезной?» УЧитель ПауЧок посмотрел на Чашку, подумал и сказал: — «Знаешь, а если к тебе приставить ножку, ты вполне могла бы работать буквой Ч, жить в школе и приносить пользу.»

КонеЧно, Чашка обрадовалась! ПауЧок приделал к ней ножку, и теперь она стала буквой Ч. Да, у неё не было руЧки, как у её знакомых Чашек, зато теперь она прыгала на одной ножке и, главное, стала нужной.

Найди в тексте букву Ч.

«Ча ча ча», — чай-ник за-кип-ел вор-ча.

«Ча ча ча», — вык-лю-чить ме-ня по-ра.

«Чу чу чу», — че-ре-па-ха про-шеп-та-ла
на хо-ду.

«Чу чу чу», — я так быст-ро до ка-лит-ки
не дой-ду.

Чат чат чат — ча-сы сту-чат.
Чут чут чут — стрел-ки бе-гут.

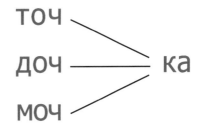

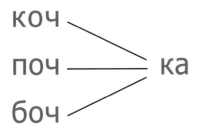

коч
поч ———— ка
боч

точ
доч ———— ка
моч

*

све-ча	ре-ка	ру-ка	мяч
све-чи	ре-ки	ру-ки	мя-чи
свеч-ка	реч-ка	руч-ка	мя-чик

Найди правильные окончания в словах. Соедини линией.

-ая   -ий   -ие   -ее

Го-ря-ч___

Го-ря-ч___

Го-ря-ч___

Го-ря-ч___

Найди правильные окончания в словах. Соедини линией.

-ая   -ое   -ый   -ые

Чист___

Чист___

Чист___

Чист___

ре-ка	ру-ка	поч-та
реч-ной	руч-ной	поч-то-вый

Зай-чо-нок и вол-чо-нок
Иг-ра-ли во дво-ре:
Соб-ра-ли в ку-чу лис-тья
И пря-та-лись в лист-ве.
А ма-лень-кий бель-чо-нок
Дру-зей сво-их ис-кал,
Как лис-тья за-шур-ша-ли,
Их сра-зу от-ыс-кал.

*

У врача

Па-ша за-бо-лел. Ма-ма по-вез-ла е-го к вра-чу.

— У Па-ши прос-ту-да. Я про-пи-шу е-му ле-кар-ство. При-ни-мать на-до пос-ле е-ды, — ска-зал врач.

— Ап-чхи! — чих-нул маль-чик.

— Что-то он стал час-то бо-леть, — ска-за-ла ма-ма.

— На-до за-ка-лять-ся и за-ни-мать-ся спор-том.

— У-ра, я ста-ну чем-пи-о-ном! — об-ра-до-вал-ся Па-ша.

CPSIA information can be obtained
at www.ICGtesting.com
Printed in the USA
BVIC01n1634251015
423455BV00005B/15